W9-AUS-481

Glencoe Spanish 2

¡Buen viaje!

Chapter Quizzes
with Answer Key

Glencoe
McGraw-Hill

New York, New York   Columbus, Ohio   Woodland Hills, California   Peoria, Illinois

Glencoe/McGraw-Hill

A Division of The McGraw·Hill Companies

Copyright ©2000 by Glencoe/McGraw-Hill. All rights reserved. Permission is granted to
reproduce the material contained herein on the condition that such material be reproduced
only for classroom use; be provided to students, teachers, and families without charge;
and be used solely in conjunction with **Glencoe Spanish 2 ¡Buen viaje!** Any other
reproduction, for use or sale, is prohibited without prior written permission of the publisher.

Send all inquiries to:
Glencoe/McGraw-Hill
8787 Orion Place
Columbus, OH 43240

ISBN 0-02-641558-5

Printed in the United States of America.

3 4 5 6 7 8 9 10   009   08 07 06 05 04 03 02 01 00

Nombre _____ Fecha _____

CAPÍTULO **1**

Quiz 1

Vocabulario

PALABRAS 1

A. Complete each sentence with the correct word. *(10 points)*

1–2. El _____ ayuda a los pasajeros con su equipaje. Él

_____ las maletas en el tren.

3. Tenemos que consultar el _____ para saber a qué hora sale
y llega el tren.

4–5. Los pasajeros salen de la sala de _____ para ir al

_____ porque el tren va a salir pronto.

6. No vamos a volver. Así vamos a comprar un boleto _____.

7. Venden periódicos y revistas en el _____.

8. Un tren tiene una locomotora y varios _____.

9. Los pasajeros compran sus boletos en _____.

10. El tren _____ del andén número tres.

CAPÍTULO 1
Quiz 2

Vocabulario PALABRAS 2

A. Complete each sentence with the correct word. *(8 points)*

1–2. Alguien tomó el asiento. El asiento está _____. No está

_____.

3. En el tren a veces hay muchos pasajeros de pie en el _____.

4–5. Los pasajeros comen en el _____ y duermen en el

_____.

6. El tren hace solamente dos _____ entre Madrid y Toledo.

7. El tren salió tarde. Salió con una _____.

8. Tenemos que tomar otro tren. Vamos a _____ en la próxima parada.

B. Give the opposite of each of the following words. *(2 points)*

1. bajar _____

2. a tiempo _____

CHAPTER QUIZZES
Copyright © Glencoe/McGraw-Hill

CAPÍTULO **1**

Quiz 3

Estructura

Hacer, querer y venir en el pretérito

A Complete each paragraph with the correct preterite form of the verbs in parentheses. *(10 points)*

(hacer) Mi familia y yo _____ un viaje en tren. Antes de salir mis
$\qquad$ 1

hermanos _____ la cama. Yo _____ la maleta. En la
$\qquad$ 2 $\qquad$ 3

estación mi padre _____ cola en la ventanilla.
$\qquad$ 4

(querer) Mi mamá no _____ ir en avión. Mis hermanos no
$\qquad$ 5

_____ ir en coche y yo no _____ ir en autobús.
$\qquad$ 6 $\qquad$ 7

(venir) Nosotros _____ a la estación a tiempo. El mozo
$\qquad$ 8

_____ y nos ayudó con el equipaje. ¿Por qué no _____
$\qquad$ 9 $\qquad$ 10

tú a la estación?

CAPÍTULO 1

Quiz 4

Estructura

Verbos irregulares en el pretérito

A. Complete each sentence with the correct preterite form of the verb in parentheses. *(5 points)*

1. Yo _____ en el centro comercial ayer. (estar)

2. Mis amigos y yo _____ por las tiendas. (andar)

3. Yo _____ que comprar un regalo para mi amigo Juan. (tener)

4. Juanita y Benjamín _____ que comprar un regalo también. (tener)

5. Nosotros _____ ayer que mañana es el cumpleaños de Juan. (saber)

B. Rewrite each sentence in the preterite. *(5 points)*

1. No están.

_____

2. No podemos.

_____

3. ¿No quieres?

_____

4. No sé nada.

_____

5. ¿Quién lo tiene?

_____

CHAPTER QUIZZES
Copyright © Glencoe/McGraw-Hill

CAPÍTULO 1
Quiz 5

Estructura

Decir en el presente

A. Complete the paragraph with the present tense of the verb **decir.** *(5 points)*

Yo _____ que sí y él _____ que no. ¿Qué
        1   2

_____ tú? Todos nosotros _____ algo
     3   4

diferente. A ver lo que _____ ellos.
                             5

CAPÍTULO 2

Quiz 1

Vocabulario   PALABRAS 1

A. Complete each sentence with the correct word(s). *(5 points)*

1–2. Es el _____ que trabaja en un restaurante y que les

_____ la comida a los clientes.

3. El _____ trabaja en la cocina y prepara las comidas.

4–5. El cliente paga la _____ y le deja una

_____ al mesero.

B. Write a list of five items you need to set the table. *(5 points)*

1. _____

2. _____

3. _____

4. _____

5. _____

CHAPTER QUIZZES
Copyright © Glencoe/McGraw-Hill

CAPÍTULO 2

Quiz 2

Vocabulario

PALABRAS 2

A. Identify each item. *(10 points)*

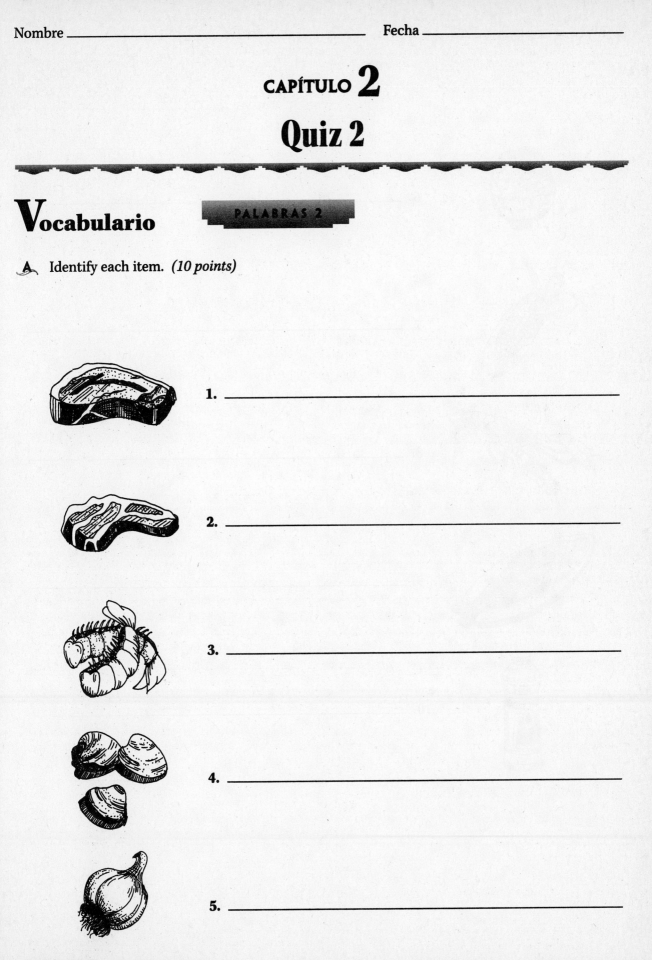

1. _____

2. _____

3. _____

4. _____

5. _____

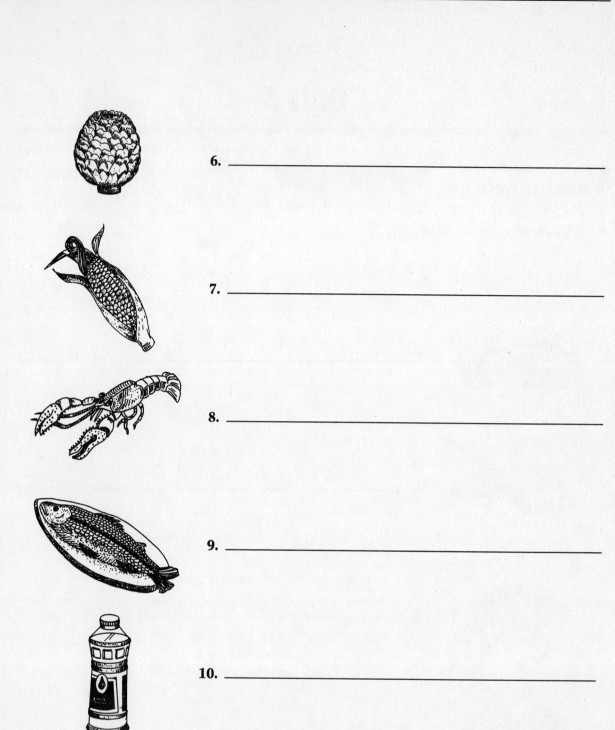

6. _____

7. _____

8. _____

9. _____

10. _____

CHAPTER QUIZZES
Copyright © Glencoe/McGraw-Hill

CAPÍTULO **2**

Quiz 3

Estructura

Verbos con el cambio e → i en el presente

A. Write sentences in the present tense using the elements given. *(5 points)*

1. Yo / pedir / biftec

_____

2. Mi amigo / pedir / papas fritas

_____

3. El cocinero / freír / las papas

_____

4. Los meseros / servir / la comida

_____

5. Nosotros / pedir / la cuenta

_____

CAPÍTULO 2

Quiz 4

Estructura

Verbos con el cambio e → i, o → u en el pretérito

A. Answer each question with a complete sentence. *(2 points)*

1. ¿Pediste langosta?

_____

2. ¿Prefirieron Uds. la langosta o los camarones?

_____

B. Complete the paragraph with the correct preterite form of the verbs in parentheses. *(3 points)*

Juan y Alicia fueron al restaurante. Los dos _____ (pedir) un arroz con
1

pollo. Les gustó tanto que _____ (repetir) el plato. Y, ¿sabes lo que pasó?
2

¿No? Ellos no _____ (dormir) en toda la noche.
3

CHAPTER QUIZZES
Copyright © Glencoe/McGraw-Hill

CAPÍTULO 3

Quiz 1

Vocabulario PALABRAS 1

A. Complete the paragraph with the words or phrases from the list. Use each term only once. (*10 points*)

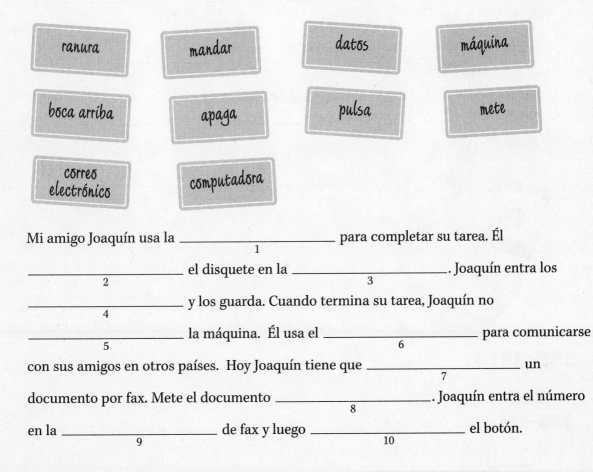

ranura   mandar   datos   máquina

boca arriba   apaga   pulsa   mete

correo electrónico   computadora

Mi amigo Joaquín usa la _____ para completar su tarea. Él

_____ el disquete en la _____. Joaquín entra los
        2   3

_____ y los guarda. Cuando termina su tarea, Joaquín no
        4

_____ la máquina. Él usa el _____ para comunicarse
        5   6

con sus amigos en otros países. Hoy Joaquín tiene que _____ un
                                                              7

documento por fax. Mete el documento _____. Joaquín entra el número
                                              8

en la _____ de fax y luego _____ el botón.
          9   10

CAPÍTULO **3**

Quiz 2

Vocabulario 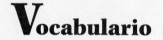 PALABRAS 2

A. Identify each item. (*10 points*)

1. _____

2. _____

3. _____

4. _____

5. _____

6. _____

555-3314

7. _____

(610)↙
555-3314

8. _____

9. _____

10. _____

CHAPTER QUIZZES
Copyright © Glencoe/McGraw-Hill

CAPÍTULO 3

Quiz 3

Estructura

Imperfecto de los verbos en -ar

A. Complete each sentence with the correct imperfect form of the verb in parentheses. (*10 points*)

1. Cuando eramos niños, mi hermano Jaime y yo _____ temprano. (levantarse)

2. Nosotros _____ el bus escolar juntos. (tomar)

3. Tú _____ en la clase de Jaime, ¿verdad? (estar)

4. Después de la escuela, tú _____ mucho, pero mi hermano, no. (estudiar)

5–6. Por la tarde, Jaime _____ la guitarra o _____ con sus amigos por teléfono. (tocar, hablar)

7–8. En vez de estudiar, Jaime y sus amigos _____ discos o _____ la televisión. (escuchar, mirar)

9. Yo _____ todas mis tareas, pero Jaime, no. (terminar)

10. Él _____ notas malas. (sacar)

CAPÍTULO 3

Quiz 4

Estructura

Imperfecto de los verbos en -er e -ir

A. Complete with the imperfect of the verbs in parentheses. (*10 points*)

Mis padres, mi hermana y yo _____ (vivir) en una casa en San Juan.
$\underset{1}{}$

_____ (Haber) tres dormitorios en la casa. Mi hermana y yo
$\underset{2}{}$

_____ (dormir) en el mismo dormitorio. Nosotros
$\underset{3}{}$

_____ (tener) un perro pequeño y dos gatos. Yo _____
$\underset{4}{}$ $\underset{5}{}$

(querer) mucho a mi perro. Mi perro _____ (dormir) en mi cama, pero los
$\underset{6}{}$

gatos _____ (dormir) en la cocina. Mis padres no nos
$\underset{7}{}$

_____ (permitir) tener los gatos en el dormitorio. Mi mamá
$\underset{8}{}$

_____ (creer) que mi hermana _____ (tener) alergia a
$\underset{9}{}$ $\underset{10}{}$

los gatos.

CHAPTER QUIZZES
Copyright © Glencoe/McGraw-Hill

Nombre _____ Fecha _____

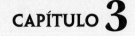

CAPÍTULO 3

Quiz 5

Estructura

Imperfecto de los verbos ser e ir

A Complete with the imperfect of **ser** and **ir** as appropriate. (*10 points*)

1–2. Cuando mi papá _____ joven, _____ a la

escuela a pie.

3–4. Juan y yo _____ a la escuela juntos. Nosotros

_____ buenos amigos.

5–6. Juan no _____ muy buen alumno pero él

_____ buen atleta.

7–8. Los viernes, Alicia y Marisol _____ al cine. Las películas

_____ muy buenas.

9–10. Cuando yo_____ niña, _____ al parque todos

los sábados.

CAPÍTULO 4

Quiz 1

Vocabulario   PALABRAS 1

A. Circle the word or phrase in each group that does not belong. (*5 points*)

1. el tacón   el reloj   las botas   los zapatos

2. una pulsera   un anillo   un pendiente   una sandalia

3. el abrigo   el impermeable   la chaqueta   la bufanda

4. caro   mediano   largo   ancho

5. la camisa   el calcetín   el suéter   la blusa

CHAPTER QUIZZES
Copyright © Glencoe/McGraw-Hill

CAPÍTULO 4

Quiz 2

Vocabulario   PALABRAS 2

A. Complete each phrase in the left-hand column with the appropriate item in the right-hand column. (*5 points*)

1. una caja de _____

   a. agua mineral

2. una docena de _____

   b. jamón

3. un frasco de _____

   c. huevos

4. una botella de _____

   d. detergente

5. una tajada de _____

   e. mayonesa

CAPÍTULO 4

Quiz 3

Estructura

El pretérito y el imperfecto

A Complete each sentence by circling the correct form of the verb. (*10 points*)

1-2. Cada semana Carla (escribió / escribía) una carta a su primo Juan. Ayer, se

(comunicaron / comunicaban) por correo electrónico por primera vez.

3-4. El tren (salió / salía) siempre a tiempo, pero esta mañana (salió / salía) con una

demora.

5–6. Todos los sábados la señora Martín (fue / iba) al supermercado por la tarde. El

sábado pasado (fue / iba) más temprano.

7–8. El verano pasado mi familia (fue / iba) a las montañas, pero generalmente en el

verano (fuimos / íbamos) a la playa.

9–10. Todos los días el señor Suárez (llevó / llevaba) un abrigo a la oficina. Ayer (llevó /

llevaba) una chaqueta.

CHAPTER QUIZZES
Copyright © Glencoe/McGraw-Hill

CAPÍTULO **4**

Quiz 4

Estructura

Dos acciones en una oración

A Complete with the preterite or imperfect of the verbs in parentheses. (*5 points*)

1. Mi mamá leía el periódico cuando _____ el teléfono. (sonar)

2. Yo _____ apuntes mientras el profesor hablaba. (tomar)

3. Cuando su padre volvió a casa, los niños _____ en el jardín. (jugar)

4. Yo _____ discos compactos cuando mis amigas llegaron a casa. (escuchar)

5. Anoche nosotros fuimos a una fiesta y Uds. _____ a un partido de fútbol. (asistir)

CAPÍTULO **4**

Quiz 5

Estructura

Verbos como querer y creer en el pasado

A. Complete with the imperfect of the verbs in parentheses. (*5 points*)

1. Cuando yo era niño, yo _____ que mi padre era estupendo. (creer)

2. Yo _____ ser exactamente como él. (desear)

3. Yo no _____ hacer muchas cosas porque era muy joven. (poder)

4. ¡Pero él _____ hacer todo! (saber)

5. Mis hermanos y yo _____ mucho a nuestro padre. (querer)

CHAPTER QUIZZES
Copyright © Glencoe/McGraw-Hill

CAPÍTULO **4**

Quiz 5

Estructura

La voz pasiva con se

A. Tell where the following items are sold. Follow the model. *(5 points)*

pescado / pescadería
Se vende pescado en la pescadería.

1. papas / la verdulería

_____

2. cuadernos / la papelería

_____

3. suéteres / la tienda de ropa

_____

4. pendientes / la joyería

_____

5. pan / la panadería

_____

CAPÍTULO 5

Quiz 1

Vocabulario 　PALABRAS 1

A. Match each item in the left-hand column with the item most closely associated with it in the right-hand column. (*5 points*)

1. _____ la colecionista   **a.** los sellos

2. _____ la sala de juegos   **b.** el juego de damas

3. _____ el tablero   **c.** el futbolín

4. _____ el crucigrama   **d.** más listo

5. _____ el campeón   **e.** las palabras

CHAPTER QUIZZES
Copyright © Glencoe/McGraw-Hill

CAPÍTULO 5

Quiz 2

Vocabulario PALABRAS 2

A. Complete each sentence by circling the correct word or expression. (*5 points*)

1. Los niños se divertirán mucho con los (monos / lagos).

2. La gente hace cola delante de la (boletería / piragua).

3. (Las norias / Los payasos) hacen muchos gestos cómicos.

4. En el verano, íbamos al parque porque nos gustaba caminar por las (jaulas / sendas) bonitas.

5. Hay muchos animales en (el caballito / el zoológico).

CAPÍTULO 5

Quiz 3

Estructura

Futuro de los verbos regulares

A Complete with the future of the italicized verbs. *(10 points)*

1. Martín y Luis les *escriben* muchas cartas a sus amigos pero mañana les

   _____ por correo electrónico.

2. *Me levanto* todos los sábados a las nueve, pero el sábado que viene

   _____ más temprano.

3. Nosotros no *compramos* los globos hoy. Mañana los _____.

4. Juana y yo *estudiamos* la biología este año; el próximo año _____ la

   química.

5. Tú siempre *volvías* del parque a las seis, ¿verdad? ¿_____ tú a las seis

   mañana?

6. El año pasado, Juana *recibió* diez regalos para su cumpleaños; mañana en la fiesta ella

   _____ muchos más.

7. *Viajé* a Puerto Rico el verano pasado. El verano que viene, yo_____ a

   España.

8. Lupe no *terminó* su tarea. Dice que la _____ mañana.

9. *Llegaste* a las ocho hoy. ¿_____ más temprano mañana?

10. El sábado pasado *fuimos* al parque zoológico. ¿Adónde _____ el

    sábado próximo?

CHAPTER QUIZZES
Copyright © Glencoe/McGraw-Hill

CAPÍTULO 5

Quiz 4

Estructura

Comparativo y superlativo

A. Compare the following people and things using the cues given. Make any necessary changes. (*5 points*)

1. la chaqueta / corto / el abrigo

   _____

2. el álgebra / fácil / la trigonometría

   _____

3. la computadora / caro / el contestador automático

   _____

4. el teléfono celular / conveniente / el teléfono público

   _____

5. el avión / rápido / el automóvil

   _____

B. Complete each sentence with the appropriate word from the following list. Make any necessary changes. (*5 points*)

mayor	mejor	menor	peor

1–2. Juan tiene diez años. Su hermana Rosa tiene ocho años. Él es

_____ que Rosa. Ella es _____ que él.

3–4. Una A es _____ que una B. Una F es _____ que

una D.

Nombre _____ Fecha _____

CAPÍTULO 6

Quiz 1

Vocabulario PALABRAS 1

A. Circle the correct word to complete each sentence. (*10 points*)

1. El señor Martí entró en (la recepción / el cuarto) del hotel.

2. La recepcionista le (pagó / saludó).

3. Él tuvo que llenar la (ficha / llave).

4. El señor Martí le pidió a la recepcionista un cuarto (cajero / sencillo).

5. La recepcionista le dio (la llave / el huésped).

6. El (botones / ascensor) ayudó al señor Martí con su equipaje.

7. Le subió el equipaje en (el ascensor / la puerta).

8–9. Cuando el señor Martí salió del hotel, el (cajero/huésped) le dio la (recepcionista / cuenta).

10. Pagó la (ficha / factura) en la caja.

CHAPTER QUIZZES
Copyright © Glencoe/McGraw-Hill

CAPÍTULO 6

Quiz 2

Vocabulario

PALABRAS 2

A. Indicate where each of the following items would most likely be found. (*10 points*)

	el armario	el baño	la cama
1. la almohada	_____	_____	_____
2. la bañera	_____	_____	_____
3. la ducha	_____	_____	_____
4. el colgador	_____	_____	_____
5. una pastilla de jabón	_____	_____	_____
6. la ropa	_____	_____	_____
7. la sábana	_____	_____	_____
8. la manta	_____	_____	_____
9. la toalla	_____	_____	_____
10. el lavabo	_____	_____	_____

CAPÍTULO 6

Quiz 3

Estructura

Futuro de los verbos irregulares

A. Juan sent Marta the following e-mail. Complete each sentence in the message with the correct future form of the verb in parentheses. (*6 points*)

Querida Marta:

Este fin de semana mi amigo Jorge _____ (venir) a mi casa para cenar.

Jorge preparará la comida, y yo _____ (poner) la mesa. Después,

nosotros _____ (salir) a una fiesta para Catalina. La fiesta

_____ (tener) lugar en la casa de sus padres. Catalina

_____ (tener) diecisiete años el viernes. ¿_____

(poder) tú salir con nosotros?

        ¡Chao!

          Juan

B. Rewrite the following sentences in the future. (*4 points*)

1. Tú no hiciste la cama.

_____

2. Elisa y yo no quisimos salir del hotel hoy.

_____

3. Uds. no quisieron hacer las maletas.

_____

4. Yo no te dije la fecha de mi viaje.

_____

CHAPTER QUIZZES
Copyright © Glencoe/McGraw-Hill

CAPÍTULO **6**

Quiz 4

Estructura

Me lo, te lo, nos lo

A Complete the answers to the questions below, using two object pronouns. *(5 points)*

1. ¿Quiénes les regalaron la maleta nueva a Uds.?

   Nuestros tíos _____

2. ¿Quién te explicó el problema?

   Marta _____

3. ¿Quiénes te mandaron la carta?

   Los abuelos _____

4. ¿Quién me envió el paquete?

   Jorge _____

5. ¿Quién te dio los colgadores?

   El botones _____

CAPÍTULO 7

Quiz 1

Vocabulario   PALABRAS 1

A. Circle the item in each group that does not belong. (*5 points*)

1. el piloto   los audífonos   el asistente de vuelo

2. el anuncio   el respaldo del asiento   la mesita

3. servir bebidas   dar anuncios   oír música

4. la ventanilla   el cinturón de seguridad   el chaleco salvavidas

5. el equipaje de mano   el compartimiento superior la bandeja

CHAPTER QUIZZES
Copyright © Glencoe/McGraw-Hill

CAPÍTULO **7**

Quiz 2

Vocabulario PALABRAS 2

A. Choose the correct word to complete each sentence. (*10 points*)

1. Una (llanura / cordillera) es una serie de montañas, una tras otra.

2. El comandante tiene contacto con (la torre de control / la salida de emergencia).

3. La asistente de vuelo me dijo que el avión volaría a (un lago / una altura) de 9.000 metros.

4. Había muy poca (turbulencia / valle) durante el vuelo porque hacía buen tiempo.

5. Al principio del vuelo, el comandante hizo algunos (anuncios / picos) de la cabina de mando y nos dijo que despegaríamos a tiempo.

6. El piloto se sienta en la (pista / cabina) de vuelo.

7. (El valle / La avioneta) es el espacio de tierra entre montañas.

8. La parte superior de una montaña es un (pico / aterrizaje).

9. Los amigos de los pasajeros les esperaban en la (torre / terminal).

10. Hurón, Ontario, Míchigan, Erie y Superior son (mares / lagos) de los Estados Unidos.

CAPÍTULO **7**

Quiz 3

Estructura

Modo potencial o condicional de verbos regulares

A Marta wrote the letter below to her friend Alicia. Complete each sentence in her note with the correct conditional form of the verb in parentheses. (*10 points*)

Querida Alicia,

Me _____ (gustar) asistir a la universidad en un país hispanohablante.
          1

Yo _____ (vivir) con una familia hispana cerca de la universidad. Los
          2

hijos de la familia me _____ (ayudar) con mis estudios. Los profesores me
                    3

_____ (enseñar) mucho del país. Mis padres me _____
          4   5

(escribir) muchas cartas. Uds. me _____ (mandar) unos paquetes de vez
                              6

en cuando. Tú me _____ (visitar) durante tus vacaciones. Nosotras
                 7

_____ (ir) a muchos sitios interesantes. Nosotras
          8

_____ (divertirse) mucho. ¿Qué crees? ¿Qué _____
          9   10

(desear) tú hacer después de la escuela secundaria?

                    Tu amiga,

                    Marta

CHAPTER QUIZZES
Copyright © Glencoe/McGraw-Hill

CAPÍTULO **7**

Quiz 4

Estructura

Modo potencial de verbos irregulares

A Complete with the correct conditional form of the verb in parentheses. *(10 points)*

1. Tú no _____ pagar el viaje porque no tienes suficiente dinero. (poder)

2. El comandante dijo que nosotros no _____ usar el teléfono celular durante el vuelo. (poder)

3. La recepcionista nos preguntó si nosotros _____ temprano. (salir)

4. El asistente de vuelo _____ el número del vuelo. (saber)

5. Uds. _____ que poner su equipaje en el compartimiento superior. (tener)

6. Los turistas dijeron que _____ alquilar un coche. (querer)

7. Tú me dijiste que _____ buen tiempo. (hacer)

8. El hombre me _____ la hora, pero no lleva un reloj. (decir)

9. Dijeron que ellos _____ tiempo para visitar las montañas. (tener)

10. Yo dije que yo _____ el equipaje en el cuarto. (poner)

CAPÍTULO **7**

Quiz 5

Estructura

Dos complementos con se

A. Follow the model. (*10 points*)

> **¿Quién le explicó la lectura a José? (Juana)**
> **Juana se la explicó.**

1. Quién le llevó el equipaje a la señora? (el mozo)

_____

2. ¿Quién le dio la propina al mozo? (la señora)

_____

3. ¿Quién les anunció la hora de la llegada a los viajeros? (el co-piloto)

_____

4. ¿Quién le sirvió la comida a la viajera? (el asistente de vuelo)

_____

5. ¿Quién le pidió el pasaporte al turista? (el agente)

_____

6. ¿Quiénes le compraron los pasteles a la niña? (los padres)

_____

7. ¿Quién les dio las llaves a las mujeres? (la recepcionista)

_____

8. ¿Quién les explicó las reglas a los viajeros? (el piloto)

_____

9. Quién le indicó el asiento al niño? (la mujer)

_____

10. Quién le dijo la hora al hombre? (la asistente de vuelo)

_____

CHAPTER QUIZZES
Copyright © Glencoe/McGraw-Hill

CAPÍTULO 8

Quiz 5

Estructura

Comparación de igualdad

A Write sentences comparing the people or things indicated. State that the quantities or qualities are equal. Use the elements given and make any necessary changes. (*10 points*)

1. estas computadoras / ser /cara / esas computadoras

    _____

2. tú / estar / enfermo / Paco

    _____

3. este hotel / ser / cómodo / ese hotel

    _____

4. el señor Fonseca / tener / accidentes / la señora Fonseca

    _____

5. yo / tener / dinero / Uds.

    _____

6. nosotros / jugar futbolín / veces / ellos

    _____

7. el parque zoológico / ser / divertido / el parque de atracciones

    _____

8. yo / cantar / días / mi amiga Clara

    _____

9. Rogelio / estudiar / horas / Mauricio

    _____

10. esta familia / tener /maletas / esa familia

    _____

CAPÍTULO 9

Quiz 1

Vocabulario PALABRAS 1

A Use one of the words or phrases from the list below to complete each sentence. *(5 points)*

| metro | zona comercial | zona residencial | fábrica | rascacielos |

Cuando yo era niño, mi familia vivía en Caracas. Mi mamá trabajaba en la

_____ de la ciudad. Su oficina estaba en un _____. Mi
　　　　1　　　　　　　　　　　　　　　　　　　　　　　　　　　　　　　　　2

hermano trabajaba en una _____ en la zona industrial. Teníamos un
　　　　　　　　　　　　　　　　3

condominio en la _____. Vivíamos muy cerca de la estación del
　　　　　　　　　　　　　4

_____. Estábamos muy contentos en Caracas.
　　　5

B Match each word or phrase in the left-hand column with the word or phrase in the right-hand column where it is most likely found. *(5 points)*

1. _____ el bus
2. _____ el semáforo
3. _____ la escalera mecánica
4. _____ los peatones
5. _____ el obrero

   a. la estación del metro

   b. la fábrica

   c. la parada del bus

   d. la esquina

   e. la acera

CHAPTER QUIZZES
Copyright © Glencoe/McGraw-Hill

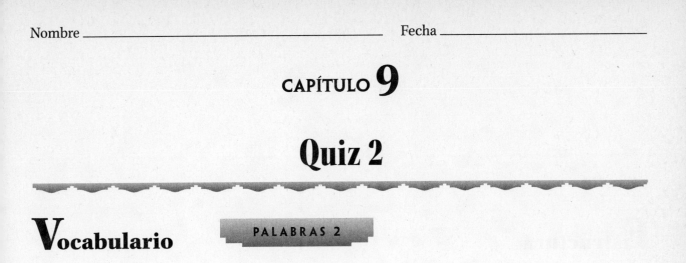

CAPÍTULO 9

Quiz 2

Vocabulario   PALABRAS 2

A. Circle the correct word to complete each sentence in the paragraph below. (*5 points*)

Me gusta visitar a mis amigos, la familia Montoya. Los Montoya tienen una (finca / fábrica)

en el campo. Ellos cultivan cereales. En la primavera, ellos siembran trigo y (cerdo / maíz), y

en el otoño, los (siembran / cosechan). Crían animales domésticos también. Tienen algunas

gallinas y (peras / vacas). Su huerta produce muchos (cerdos / vegetales). Los Montoya tienen

mucho trabajo, pero gozan de la vida en el campo.

CHAPTER QUIZZES
Copyright © Glencoe/McGraw-Hill

¡Buen viaje! Level 2   Capítulo 9 ᐁ 41

CAPÍTULO **9**

Quiz 3

Estructura

El imperfecto progresivo

A. Complete with the correct imperfect progressive form of the verb in parentheses. *(5 points)*

1. Ayer tú _____ mucho en clase, ¿no? (leer)

2. Los niños _____ hasta muy tarde durante las vacaciones. (dormir)

3. El profesor _____ las direcciones. (repetir)

4. Yo _____ la calle en el cruce de peatones. (cruzar)

5. Nosotros _____ que no era buena idea. (decir)

CHAPTER QUIZZES
Copyright © Glencoe/McGraw-Hill

CAPÍTULO **9**

Quiz 4

Estructura

Colocación de los pronombres de complemento

A. Rewrite each sentence, using an object pronoun to replace the italicized words. (*5 points*)

1. El hombre me estaba mostrando *el huerto.*

   _____

2. El agricultor estaba criando *los animales domésticos.*

   _____

3. Los campesinos van a sembrar *el maíz.*

   _____

4. Le voy a dar la manzana *a Julio.*

   _____

5. Me estaban sirviendo *los vegetales.*

   _____

CAPÍTULO **9**

Quiz 5

Estructura

Adjetivos y pronombres demostrativos

A Complete the following sentences using demonstrative adjectives and pronouns. (*5 points*)

1. _____ libro que estás leyendo ahora no me interesa.

2. _____ revista que tengo aquí es más interesante.

3. Mañana voy a leer _____ libro que está en el escritorio a tu lado.

4. ¿Te interesaría leer dos novelas cortas? Te recomiendo _____ que tengo aquí.

5. Tenemos que devolver _____ libros que están allá en la mesa a la biblioteca.

CHAPTER QUIZZES
Copyright © Glencoe/McGraw-Hill

CAPÍTULO 10

Quiz 1

Vocabulario

PALABRAS 1

A Circle the item in each group that does not belong with the others. (*5 points*)

1. la estufa   la nevera   la sal

2. el azúcar   el cordero   la ternera

3. las papas   las zanahorias   las toronjas

4. la pimienta   la salchicha   el cerdo

5. las uvas   el horno   el limón

B Circle the correct word or phrase to complete each sentence in the paragraph. (*5 points*)

Mi papá era un cocinero fantástico. Él prefería cocinar con una (olla / estufa) de gas. Usaba

también (un horno de microondas / una chuleta de cerdo) para preparar la comida

rápidamente. Mi papá siempre asaba (las costillas / las uvas) y la carne en una parrilla

grande. Tenía una sartén especial para (freír / asar) papas y cebollas. Me gustaba ayudar a mi

papá. Mi tarea era meter el agua en (el congelador / la olla) para hervirla.

CAPÍTULO **10**

Quiz 2

Vocabulario   PALABRAS 2

A. Match each item in the left-hand column with an activity from the right-hand column most closely associated with it. (*5 points*)

1. _____ rallar   **a.** la receta

2. _____ hervir   **b.** el queso

3. _____ tapar   **c.** la papa

4. _____ pelar   **d.** el arroz

5. _____ leer   **e.** la olla

B. There are five ingredients that do not belong in the following recipes. Circle each inappropriate ingredient. (*5 points*)

Ensalada de camarones: aguacate, cebolla, sandía, gambas, lechuga, lima, plátano

Plato de frutas: almejas, banana, coco, langosta, maíz, papaya, sandía

CHAPTER QUIZZES
Copyright © Glencoe/McGraw-Hill

CAPÍTULO **10**

Quiz 3

Estructura

Imperativo formal: formas regulares

A A teacher in an adult cooking class is giving instructions to her students. Complete her sentences by using the command form of the verbs in parentheses. (*10 points*)

1.   Señor Martín, _____ la cebolla en rebanadas. (cortar)

2.   _____ Uds. bien las papas. (limpiar)

3.   _____ Ud. la cacerola del fuego, por favor. (quitar)

4.   No _____ Uds. demasiado sal. (añadir)

5.   Señora Cruz, _____ la receta, por favor. (leer)

6.   No _____ Uds. el horno. (abrir)

7.   _____ Ud. los camarones por cuatro minutos. (hervir)

8.   _____ Uds. el pollo en el horno. (asar)

9.   Señorita Ramírez, _____ Ud. más, por favor. (comer)

10.   No _____ Uds. las papas ahora. (pelar)

CAPÍTULO **10**

Quiz 4

Estructura

Imperativo formal: formas irregulares

A. Write commands using the elements below. (*10 points*)

1. ir / Uds. / al supermercado

   _____

2. poner / Ud. / el pollo en la olla

   _____

3. venir / Ud. / a clase a tiempo

   _____

4. hacer / Ud. / las compras mañana

   _____

5. estar / Uds. / en el restaurante a las cinco

   _____

6. salir / Uds. / a las ocho esta noche

   _____

7. decir / Ud. / la verdad

   _____

8. dar / Uds. / la receta a sus amigos

   _____

9. saber / Ud. / los ingredientes de la receta

   _____

10. poner / Ud. / aceite en la sartén

    _____

CHAPTER QUIZZES
Copyright © Glencoe/McGraw-Hill

CAPÍTULO **10**

Quiz 5

Estructura

Colocación de los pronombres de complemento

A Answer according to the model. (*5 points*)

¿Debo lavar los platos? (sí)
Sí, lávelos.

1. ¿Debo escribir la receta? (sí)

   _____

2. ¿Debo picar el ajo? (sí)

   _____

3. ¿Debo servir las uvas? (sí)

   _____

4. ¿Debo revolver la sopa ahora? (no)

   _____

5. ¿Debo cortar el pan ahora? (no)

   _____

Nombre _____ Fecha _____

CAPÍTULO 11

Quiz 1

Vocabulario   PALABRAS 1

A. Choose the correct word or phrase to complete each sentence in the paragraph below. (*5 points*)

Hace unos años, yo trabajaba a tiempo parcial en una (maletera / gasolinera). Muchos clientes venían a nuestra estación de servicio. Yo llenaba el (baúl / tanque) con gasolina para los clientes. También limpiaba (los frenos / el parabrisas). Los otros empleados y yo poníamos agua en el (neumático / radiador) y verificábamos la presión de las (llantas / direccionales). Aprendí mucho sobre los automóviles aquel verano.

B. Complete each sentence with a word or phrase from the list below. (*5 points*)

cinturón de seguridad   llanta de repuesto   los frenos   licencia   capó

1. El motor del coche está debajo del _____.

2. Es necesario poner _____ para parar el coche.

3. Generalmente hay una _____ en la maletera.

4. En los Estados Unidos, es necesario tener una _____ para poder manejar.

5. Es importante usar el _____ siempre.

CHAPTER QUIZZES
Copyright © Glencoe/McGraw-Hill

CAPÍTULO **11**

Quiz 2

Vocabulario   PALABRAS 2

A. Choose the correct word to complete each sentence. *(10 points)*

1. Cuando estacionas el coche en la calle, es necesario introducir unas monedas en la

ranura del _____ (rótulo / parquímetro).

2–3. En muchas autovías hay _____ (garitas / neumáticos) donde se

_____ (paga / adelanta) el peaje.

4. En las autopistas, no hay cruces; hay entradas y _____

(cuadras / salidas).

5. En una calle de sentido _____ (ancho / único), no se puede ir en

el sentido contrario.

6. El _____ (carril / rótulo) indica la velocidad máxima.

7. Una _____ (cuadra / llanta) tiene cuatro esquinas.

8. Está prohibido _____ (conducir / adelantar) cuando hay

solamente un carril en cada sentido.

9–10. Es necesario poner las direccionales cuando vas a _____

(doblar / estacionar) a la derecha o a la _____ (garita / izquierda).

CAPÍTULO **11**

Quiz 3

Estructura

Imperativo familiar: formas regulares

A. Answer according to the model. (*5 points*)

> **¿Debo tocar el piano ahora?**
> **Sí, toca el piano.**

1. ¿Debo comer todo el pastel?

_____

2. ¿Debo abrir la puerta?

_____

3. ¿Debo beber más leche?

_____

4. ¿Debo jugar en mi dormitorio?

_____

5. ¿Debo leer el rótulo?

_____

CHAPTER QUIZZES
Copyright © Glencoe/McGraw-Hill

CAPÍTULO **11**

Quiz 4

Estructura

Imperativo familiar: formas irregulares

A Pepe sent Ana an e-mail message with directions to his house. Complete his message using the **tú** command of the verbs in parentheses. (*10 points*)

Ana:

_____ (Venir) a mi casa temprano mañana.
1

_____ (Ir) por la autopista. _____ (Salir) en la
2   3

salida veintiocho. En la garita de peaje, _____ (pagar) el peaje y
4

_____ (doblar) a la derecha. Y luego _____
5   6

(seguir) derecho hasta la segunda bocacalle. _____ (Estacionar) el
7

carro en la calle. Mi casa está en la esquina.

Si vas a manejar tu carro viejo, _____ (tener) cuidado. Antes de
8

salir _____ (poner) agua en el radiador y aire en las llantas.
9

_____ (Estar) atenta. Nos vemos pronto.
10

Tu amigo,

Pepe

CAPÍTULO **11**

Quiz 5

Estructura

Imperativo negativo

A. You need to give advice to a friend from Chile who is about to take his driver's test. Write complete sentences using the elements provided. (*5 points*)

1. no / exceder la velocidad máxima

_____

2. no / ir tarde

_____

3. no / pedir información al instructor

_____

4. no / estar nervioso

_____

5. no / hablar demasiado

_____

B. Follow the model. (*5 points*)

Pepe no contesta la pregunta.
Pepe, contéstala.

1. Pepe no le compra el regalo a la muchacha.

_____

2. Elena no nos explica la tarea.

_____

3. Antonio no le dice la verdad a su mamá.

_____

4. Ana no le habla a su amiga.

_____

5. Francisco no se duerme en el autobús.

_____

CHAPTER QUIZZES
Copyright © Glencoe/McGraw-Hill

CAPÍTULO 12

Quiz 1

Vocabulario

PALABRAS 1

A Circle the item in each group that does not belong. *(5 points)*

1. el barbero   la peluquera   el peine

2. el algodón   el tintorero   la lana

3. el champú   las tijeras   la navaja

4. el cabello   el pelo   el secador

5. planchar   cortar   limpiar en seco

CAPÍTULO **12**

Quiz 2

Vocabulario PALABRAS 2

A. Complete each sentence with a word from the list below. (*10 points*)

cambista
tarjeta

cambiar
paquete

cajera
sello

ordinario
endosar

buzón
cuenta

1. Eche Ud. la carta en el _____ en la esquina.

2. Una _____ es una empleada del banco.

3. Voy al banco para abrir una _____ de ahorros.

4. El hombre quiere _____ un cheque de viajero.

5. Antes de mandar una carta es necesario poner un _____ en el sobre.

6. Tienes que _____ un cheque antes de cobrarlo.

7. El _____ va a cambiar dólares en pesetas.

8. El correo aéreo cuesta más que el correo _____.

9. Cuando mi abuelo estaba viajando en México, me mandó una _____ postal.

10. Mi hermana me mandó un suéter nuevo en un _____ por correo.

CHAPTER QUIZZES
Copyright © Glencoe/McGraw-Hill

CAPÍTULO **12**

Quiz 3

Estructura

El subjuntivo

A. Complete with the correct form of the verb in parentheses. (*10 points*)

1. Tu madre quiere que tú _____ a la tintorería. (ir)

2. El cliente insiste en que la peluquera _____ las tijeras. (usar)

3. La señora Cruz quiere que su hijo _____ contento. (estar)

4. Los padres quieren que sus hijos _____ a la peluquería. (ir)

5. El cambista quiere que Uds. _____ una cuenta de ahorros. (abrir)

6. Nuestra madre insiste en que nosotros _____ las direcciones a nuestro apartamento. (saber)

7. Yo quiero que el tintorero _____ en seco el suéter. (limpiar)

8. El cajero quiere que Ud. le _____ dos cheques de viajero. (dar)

9. El tintorero insiste en que sus empleados _____ puntuales. (ser)

10. Los padres de Ana y Marisol insisten en que ellas _____ con cuidado. (conducir)

CAPÍTULO 12

Quiz 4

Estructura

El subjuntivo en cláusulas nominales

A. Complete with the correct form of the verb in parentheses. *(10 points)*

1. Los abuelos temen que Felicia _____ tarde. (venir)

2. El cajero quiere que los clientes _____ los cheques. (endosar)

3. Antonio quiere que el peluquero le _____ el pelo. (cortar)

4. El señor Delmónico insiste en que Uds. _____ al banco. (ir)

5. El cliente quiere que nosotros le _____ un champú. (dar)

6. Tenemos miedo de que tú no _____ temprano. (salir)

7. Mi padre insiste en que yo _____ puntual. (ser)

8. Joaquín prefiere que Ud. _____. (manejar)

9. Ella teme que la tintorería _____ cerrada. (estar)

10. Yo espero que Juan y Lisa _____ la tarea bien. (hacer)

CHAPTER QUIZZES
Copyright © Glencoe/McGraw-Hill

CAPÍTULO 12

Quiz 5

Estructura

El subjuntivo con expresiones impersonales

A. Sra. Montoya is leaving a list of things for her children to do when they return home from school. Complete her list with the correct form of the verb in parentheses. (*5 points*)

Queridos hijos:

Es probable que yo _____ 1
(volver) de la oficina un poco tarde hoy. Es necesario

que Uds. _____ 2 (hacer) algunas

cosas después de las clases. Paco, es importante que

tú _____ 3 (lavar) bien los platos.

También es posible que nosotros no

_____ 4 (tener) suficiente leche. Es

necesario que Ana y Juan _____ 5

(ir) al mercado para comprarla.

Nos vemos pronto,

Mamá

CAPÍTULO **13**

Quiz 1

Vocabulario   PALABRAS 1

A. Use a word from the list to complete each sentence. (*10 points*)

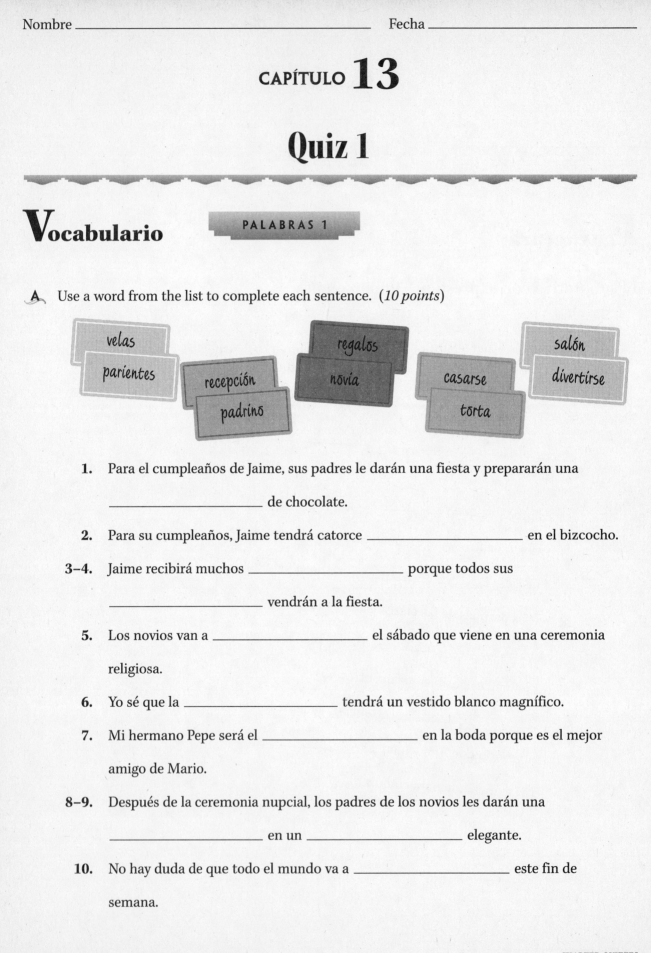

velas
parientes
recepción
padrino
regalos
novia
casarse
torta
salón
divertirse

1. Para el cumpleaños de Jaime, sus padres le darán una fiesta y prepararán una

   _____ de chocolate.

2. Para su cumpleaños, Jaime tendrá catorce _____ en el bizcocho.

3–4. Jaime recibirá muchos _____ porque todos sus

   _____ vendrán a la fiesta.

5. Los novios van a _____ el sábado que viene en una ceremonia

   religiosa.

6. Yo sé que la _____ tendrá un vestido blanco magnífico.

7. Mi hermano Pepe será el _____ en la boda porque es el mejor

   amigo de Mario.

8–9. Después de la ceremonia nupcial, los padres de los novios les darán una

   _____ en un _____ elegante.

10. No hay duda de que todo el mundo va a _____ este fin de

   semana.

CHAPTER QUIZZES
Copyright © Glencoe/McGraw-Hill

CAPÍTULO **13**

Quiz 2

Vocabulario

PALABRAS 2

A Match each item in the right-hand column with the phrase in the left-hand column that best describes it. (*10 points*)

1. _____ un candelabro judío   **a.** los camellos

2. _____ la Fiesta de las Luces   **b.** los Reyes Magos

3. _____ se decora en la Navidad   **c.** la menora

4. _____ los niños dejan paja para ellos   **d.** Nochevieja

5. _____ se encienden en una fiesta hebrea   **e.** Año Nuevo

6. _____ el 25 de diciembre   **f.** el árbol

7. _____ traen regalos a los niños   **g.** la Navidad

8. _____ la Víspera de Año Nuevo   **h.** Hanuka

9. _____ el primer día del año   **i.** ocho velas

10. _____ el 24 de diciembre   **j.** la Nochebuena

CAPÍTULO **13**

Quiz 3

Estructura

El subjuntivo de los verbos de cambio radical

A Form sentences from the following. *(5 points)*

1. Es importante / tú / recordar / llevar el regalo

_____

2. Los novios / querer / nosotros / volver a la recepción

_____

3. La madrina / dudar / la boda / empezar / a las diez

_____

4. Yo / temer / el padrino / perder / el anillo

_____

5. Es posible/ yo / poder / ir a la ceremonia contigo

_____

CHAPTER QUIZZES
Copyright © Glencoe/McGraw-Hill

CAPÍTULO 13

Quiz 4

Estructura

El subjuntivo con verbos como pedir y aconsejar

A. Complete with the correct form of the verb in parentheses. (*5 points*)

1. Mi amiga me pide que yo _____ en su boda. (cantar)

2. Yo te aconsejo que tú _____ ahora. (salir)

3. El señor Morales nos pide que _____ la cena ahora. (servir)

4. Jorge les pide a Uds. que _____ la torta. (rebanar)

5. Los padres de Teresa le aconsejan que no _____. (casarse)

CAPÍTULO 13

Quiz 5

Estructura

El subjuntivo con expresiones de duda

A. Complete with the appropriate form of the verb in parentheses. *(5 points)*

1. No creo que Uds. _____ a la boda. (asistir)

2. Creo que Julia _____ con Juan. (casarse)

3. No estoy seguro de que Miguel _____ la fecha de la fiesta. (saber)

4. Es cierto que todo el mundo _____ a nuestra casa para Nochevieja.

   (venir)

5. Dudo que el regalo _____ muy caro. (ser)

CHAPTER QUIZZES
Copyright © Glencoe/McGraw-Hill

CAPÍTULO **13**

Quiz 6

Estructura

El subjuntivo con expresiones de emoción

Complete with the correct form of a verb from the list. (*5 points*)

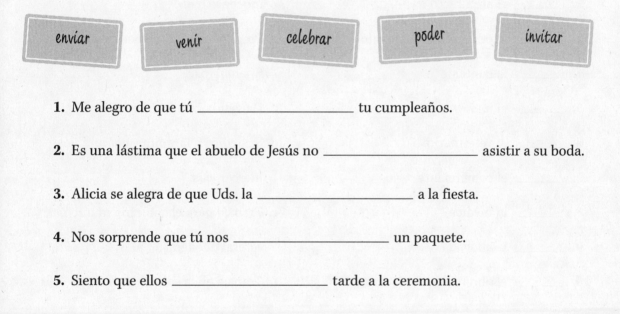

enviar   venir   celebrar   poder   invitar

1. Me alegro de que tú _____ tu cumpleaños.

2. Es una lástima que el abuelo de Jesús no _____ asistir a su boda.

3. Alicia se alegra de que Uds. la _____ a la fiesta.

4. Nos sorprende que tú nos _____ un paquete.

5. Siento que ellos _____ tarde a la ceremonia.

CAPÍTULO 14

Quiz 1

Vocabulario

PALABRAS 1

A. Match the person in the left-hand column with the work most closely associated with the person in the right-hand column. (*10 points*)

1. _____ el funcionario

2. _____ el arquitecto

3. _____ la programadora de informática

4. _____ la contable

5. _____ el juez

6. _____ el veterinario

7. _____ el comerciante

8. _____ la médica

9. _____ la abogada

10. _____ el obrero

a. Trabaja en la corte y decide quién es inocente o no.

b. Prepara cuentas y documentos financieros.

c. Da ayuda con problemas legales.

d. Se dedica a la venta y compra de mercancías.

e. Trabaja para el gobierno municipal, estatal o federal

f. Trabaja en la sala de consulta.

g. Hace diseños de edificios.

h. Se dedica a la salud de los animales.

i. Trabaja en una fábrica.

j. Trabaja mucho con las computadoras.

CHAPTER QUIZZES
Copyright © Glencoe/McGraw-Hill

CAPÍTULO **14**

Quiz 2

Vocabulario

PALABRAS 2

A. Complete with words from the list below. *(10 points)*

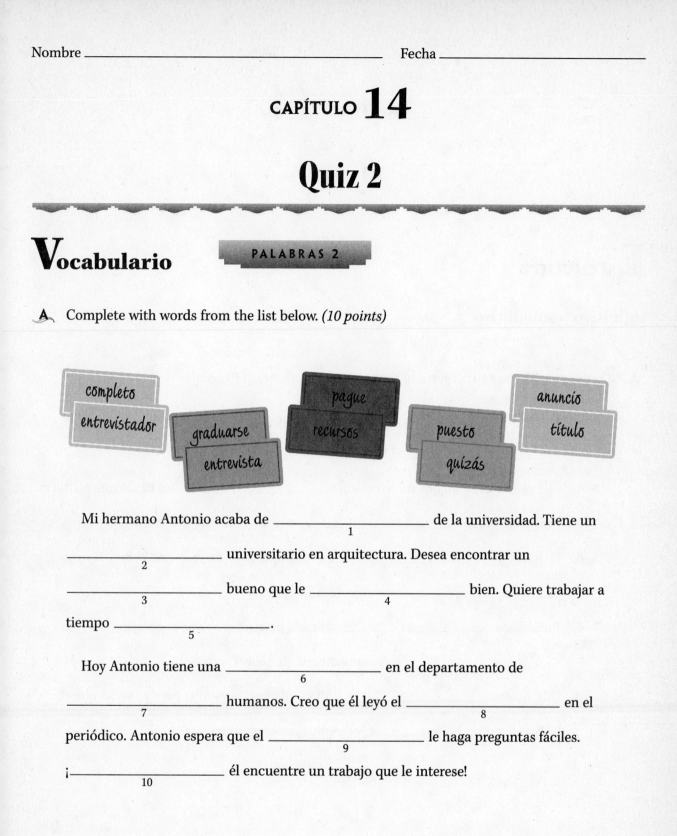

completo
entrevistador
graduarse
entrevista
pague
recursos
puesto
quizás
anuncio
título

Mi hermano Antonio acaba de _____ de la universidad. Tiene un

_____ universitario en arquitectura. Desea encontrar un
2

_____ bueno que le _____ bien. Quiere trabajar a
3   4

tiempo _____.
5

Hoy Antonio tiene una _____ en el departamento de
6

_____ humanos. Creo que él leyó el _____ en el
7   8

periódico. Antonio espera que el _____ le haga preguntas fáciles.
9

¡_____ él encuentre un trabajo que le interese!
10

Nombre _____ Fecha _____

CAPÍTULO 14

Quiz 3

Estructura

Infinitivo o subjuntivo

A. Complete with the correct form of the verb in parentheses. (*10 points*)

1–2. Yo no quiero _____ al banco; prefiero que tú

_____ allí, por favor. (ir, ir)

3–4. Mis padres esperan que mi hermano _____ un título universitario

pero él no quiere _____ a la universidad. (recibir, asistir)

5–6. Es importante _____ puntual, pero no creo que Juan

_____ a tiempo. (ser, llegar)

7–8. Preferimos _____ al cine, pero no creo que nosotros

_____ suficiente dinero. (ir, tener)

9–10. Uds. quieren _____ los cheques de viajero, pero yo temo que el

banco _____ cerrado. (cambiar, estar)

CHAPTER QUIZZES
Copyright © Glencoe/McGraw-Hill

CAPÍTULO **14**

Quiz 4

Estructura

El subjuntivo con **ojalá** y **quizá(s)**

A. Complete with the correct form of the verb in parentheses. (*5 points*)

1. ¡Ojalá que el señor Contreras me _____ una entrevista! (dar)

2. ¡Quizás tú _____ una entrevista también! (tener)

3. ¡Quizás las preguntas _____ difíciles! (ser)

4. ¡Ojalá que nosotros no _____ nerviosos! (estar)

5. ¡Quizás ellos te _____ el mejor puesto! (ofrecer)

CAPÍTULO **14**

Quiz 5

Estructura

El subjuntivo en cláusulas relativas

A. Complete with the correct forms of the verbs in parentheses. (*5 points*)

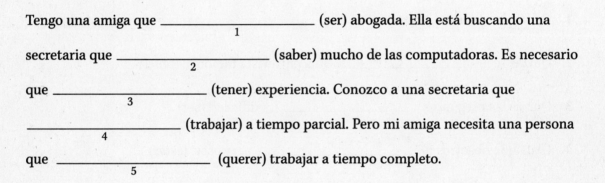

Tengo una amiga que _____ (ser) abogada. Ella está buscando una
1

secretaria que _____ (saber) mucho de las computadoras. Es necesario
2

que _____ (tener) experiencia. Conozco a una secretaria que
3

_____ (trabajar) a tiempo parcial. Pero mi amiga necesita una persona
4

que _____ (querer) trabajar a tiempo completo.
5

CHAPTER QUIZZES
Copyright © Glencoe/McGraw-Hill

Answer Key

CAPÍTULO 1

Quiz 1: Palabras 1

A.
1. mozo (maletero)
2. pone
3. horario
4. espera
5. andén
6. sencillo
7. quiosco
8. vagones (coches)
9. la ventanilla
10. sale

Quiz 2: Palabras 2

A.
1. ocupado
2. libre
3. pasillo
4. coche-comedor (coche-cafetería)
5. coche-cama
6. paradas
7. demora
8. transbordar

B.
1. subir
2. con retraso (con una demora, tarde)

Quiz 3: Hacer, querer y venir en el pretérito

A.
1. hicimos
2. hicieron
3. hice
4. hizo
5. quiso
6. quisieron
7. quise
8. vinimos
9. vino
10. viniste

Quiz 4: Verbos irregulares en el pretérito

A.
1. estuve
2. anduvimos
3. tuve
4. tuvieron
5. supimos

B.
1. No estuvieron.
2. No pudimos.
3. ¿No quisiste?
4. No supe nada.
5. ¿Quién lo tuvo?

Quiz 5: Decir en el presente

A.
1. digo
2. dice
3. dices
4. decimos
5. dicen

CAPÍTULO 2

Quiz 1: Palabras 1

A.
1. camarero (mesero)
2. sirve
3. cocinero
4. cuenta
5. propina

B. *Answers will vary but should include five of the following:*
la sal, la pimienta, un vaso, una taza, un plato, un platillo, un tenedor, un cuchillo, una cuchara, una cucharita, un (el) mantel, una servilleta

Quiz 2: Palabras 2

A.
1. la carne de res (el biftec)
2. el cordero
3. los camarones
4. las almejas
5. el ajo
6. la alcachofa
7. el maíz
8. la langosta
9. el pescado
10. el aceite

Quiz 3: Verbos con el cambio **e → i** en el presente

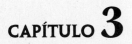 1. Yo pido biftec.
2. Mi amigo pide papas fritas.
3. El cocinero fríe las papas.
4. Los meseros sirven la comida.
5. Nosotros pedimos la cuenta.

Quiz 4: Verbos con el cambio **e → i, o → u** en el pretérito

A 1. Sí, (No, no) pedí langosta.
2. Preferimos la langosta (los camarones).

B 1. pidieron
2. repitieron
3. durmieron

CAPÍTULO 3

Quiz 1: Palabras 1

A 1. computadora
2. mete
3. ranura
4. datos
5. apaga
6. correo electrónico
7. mandar
8. boca arriba
9. máquina
10. pulsa

Quiz 2: Palabras 2

A 1. el teléfono de botones
2. el teléfono público
3. la ranura
4. el teléfono celular
5. la guía telefónica
6. el contestador automático
7. el número de teléfono
8. la clave de área
9. el auricular
10. el teclado

Quiz 3: Imperfecto de los verbos en -ar

A 1. nos levantábamos
2. tomábamos
3. estabas

4. estudiabas
5. tocaba
6. hablaba
7. escuchaban
8. miraban
9. terminaba
10. sacaba

Quiz 4: Imperfecto de los verbos en **-er** e **-ir**

A 1. vivíamos
2. Había
3. dormíamos
4. teníamos
5. quería
6. dormía
7. dormían
8. permitían
9. creía
10. tenía

Quiz 5: Imperfecto de los verbos en **-ser** e **-ir**

A 1. era
2. iba
3. íbamos
4. éramos
5. era
6. era
7. iban
8. eran
9. era
10. iba

CAPÍTULO 4

Quiz 1: Palabras 1

A 1. el reloj
2. una sandalia
3. la bufanda
4. caro
5. el calcetín

Quiz 2: Palabras 2

A 1. d
2. c
3. e
4. a
5. b

CHAPTER QUIZZES
Copyright © Glencoe/McGraw-Hill

Quiz 3: El pretérito y el imperfecto

A
1. escribía
2. comunicaron
3. salía
4. salió
5. iba
6. fue
7. fue
8. íbamos
9. llevaba
10. llevó

Quiz 4: Dos acciones en una oración

A
1. sonó
2. tomaba
3. jugaban
4. escuchaba
5. asistieron

Quiz 5: Verbos como **querer** y **creer** en el pasado

A
1. creía
2. deseaba
3. podía
4. sabía
5. queríamos

Quiz 6: La voz pasiva con **se**

A
1. Se venden papas en la verdulería.
2. Se venden cuadernos en la papelería.
3. Se venden suéteres en la tienda de ropa.
4. Se venden pendientes en la joyería.
5. Se vende pan en la panadería.

CAPÍTULO 5

Quiz 1: Palabras 1

A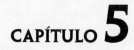
1. a
2. c
3. b
4. e
5. d

Quiz 2: Palabras 2

A
1. monos
2. boletería
3. Los payasos
4. sendas
5. el zoológico

Quiz 3: Futuro de los verbos regulares

A
1. escribirán
2. me levantaré
3. compraremos
4. estudiaremos
5. Volverás
6. recibirá
7. viajaré
8. terminará
9. Llegarás
10. iremos

Quiz 4: Comparativo y superlativo

A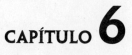
1. La chaqueta es más corta que el abrigo.
2. El álgebra es más fácil que la trigonometría.
3. La computadora es más cara que el contestador automático.
4. El teléfono celular es más conveniente que el teléfono público.
5. El avión es más rápido que el automóvil.

B
1. mayor
2. menor
3. mejor
4. peor
5. mejores

CAPÍTULO 6

Quiz 1: Palabras 1

A
1. la recepción
2. saludó
3. ficha
4. sencillo
5. la llave
6. botones
7. el ascensor
8. cajero
9. cuenta
10. factura

Quiz 2: Palabras 2

A
1. la cama
2. el baño
3. el baño
4. el armario
5. el baño
6. el armario
7. la cama
8. la cama
9. el baño
10. el baño

Quiz 3: Futuro de los verbos irregulares

A
1. vendrá
2. pondré
3. saldremos
4. tendrá
5. tendrá
6. Podrás

B
1. Tú no harás la cama.
2. Elisa y yo no querremos salir del hotel hoy.
3. Uds. no querrán hacer las maletas.
4. Yo no te diré la fecha de mi viaje.

Quiz 4: Me lo, te lo, nos lo

A
1. nos la regalaron
2. me lo explicó
3. me la mandaron
4. te lo envió
5. me los dio

CAPÍTULO 7

Quiz 1: Palabras 1

A
1. los audífonos
2. el anuncio
3. oír música
4. la ventanilla
5. la bandeja

Quiz 2: Palabras 2

A
1. cordillera
2. la torre de control
3. una altura
4. turbulencia
5. anuncios
6. cabina
7. El valle
8. pico
9. terminal
10. lagos

Quiz 3: Modo potencial o condicional de verbos regulares

A
1. gustaría
2. viviría
3. ayudarían
4. enseñarían
5. escribirían
6. mandarían
7. visitarías
8. iríamos
9. nos divertiríamos
10. desearías

Quiz 4: Modo potencial de verbos irregulares

A
1. podrías
2. podríamos
3. saldríamos
4. sabría
5. tendrían
6. querrían
7. haría
8. diría
9. tendrían
10. pondría

Quiz 5: Dos complementos con se

A
1. El mozo se lo llevó.
2. La señora se la dio.
3. El co-piloto se la anunció.
4. El asistente de vuelo se la sirvió.
5. El agente se lo pidió.
6. Los padres se los compraron.
7. La recepcionista se las dio.
8. El piloto se las explicó.
9. La mujer se lo indicó.
10. La asistente de vuelo se la dijo.

CAPÍTULO 8

Quiz 1: Palabras 1

A
1. c
2. a
3. b
4. e
5. d

B
1. se cayó
2. se rompió la pierna
3. Los socorristas
4. una camilla
5. sala de emergencia

Quiz 2: Palabras 2

A
1. b
2. c
3. d
4. a
5. e

CHAPTER QUIZZES
Copyright © Glencoe/McGraw-Hill

Quiz 3: El presente perfecto

A.
1. ha tenido
2. ha cortado
3. hemos llevado
4. han llenado
5. ha tomado
6. ha cerrado
7. ha permitido
8. has tenido
9. he necesitado
10. he tenido

Quiz 4: Los participios irregulares

A.
1. hemos visto
2. ha roto
3. ha hecho
4. han puesto
5. ha cubierto
6. han dicho
7. ha escrito
8. ha puesto
9. han devuelto
10. hemos vuelto

Quiz 5: Comparación de igualdad

A.
1. Estas computadoras son tan caras como esas computadoras.
2. Tú estás tan enfermo como Paco.
3. Este hotel es tan cómodo como ese hotel.
4. El señor Fonseca tiene tantos accidentes como la señora Fonseca.
5. Yo tengo tanto dinero como Uds.
6. Nosotros jugamos futbolín tantas veces como ellos.
7. El parque zoológico es tan divertido como el parque de atracciones.
8. Yo canto tantos días como mi amiga Clara.
9. Rogelio estudia tantas horas como Mauricio.
10. Esta familia tiene tantas maletas como esa famlia.

CAPÍTULO 9

Quiz 1: Palabras 1

A.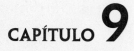
1. zona comercial
2. rascacielos
3. fábrica
4. zona residencial
5. metro

B.
1. c
2. d
3. a
4. e
5. b

Quiz 2: Palabras 2

A.
1. finca
2. maíz
3. cosechan
4. vacas
5. vegetales

Quiz 3: El imperfecto progresivo

A.
1. estabas leyendo
2. estaban durmiendo
3. estaba repitiendo
4. estaba cruzando
5. estábamos diciendo

Quiz 4: Colocación de los pronombres de complemento

A.
1. El hombre me lo estaba mostrando. (El hombre estaba mostrándomelo.)
2. El agricultor los estaba criando. (El agricultor estaba criándolos.)
3. Los campesinos lo van a sembrar. (Los campesinos van a sembrarlo.)
4. Se la voy a dar. (Voy a dársela.)
5. Me los estaban sirviendo. (Estaban sirviéndomelos.)

Quiz 5: Adjetivos y pronombres demostrativos

A.
1. Ese
2. Esta
3. este
4. estas
5. aquellos

CAPÍTULO 10

Quiz 1: Palabras 1

A.
1. la sal
2. el azúcar
3. las toronjas
4. la pimienta
5. el horno

B. 1. estufa
2. un horno de microondas
3. las costillas
4. freír
5. la olla

Quiz 2: Palabras 2

A. 1. b
2. d
3. e
4. c
5. a

B. sandía, plátano
almejas, langosta, maíz

Quiz 3: Imperativo formal: formas regulares

A. 1. corte
2. Limpien
3. Quite
4. añadan
5. lea
6. abran
7. Hierva
8. Asen
9. coma
10. pelen

Quiz 4: Imperativo formal: formas irregulares

A. 1. Vayan Uds. al supermercado.
2. Ponga Ud. el pollo en la olla.
3. Venga Ud. a clase a tiempo.
4. Haga Ud. las compras mañana.
5. Estén Uds. en el restaurante a las cinco.
6. Salgan Uds. a las ocho esta noche.
7. Diga Ud. la verdad.
8. Den Uds. la receta a sus amigos.
9. Sepa Ud. los ingredientes de la receta.
10. Ponga Ud. el aceite en la sartén.

Quiz 5: Colocación de los pronombres de complemento

A. 1. Sí escríbala.
2. Sí, píquelo.
3. Sí, sírvalas.
4. No, no la revuelva ahora.
5. No, no lo corte ahora.

CAPÍTULO 11

Quiz 1: Palabras 1

A. 1. gasolinera
2. tanque
3. el parabrisas
4. radiador
5. llantas

B. 1. capó
2. los frenos
3. llanta de repuesto
4. licencia
5. cinturón de seguridad

Quiz 2: Palabras 2

A. 1. parquímetro
2. garitas
3. paga
4. salidas
5. único
6. rótulo
7. cuadra
8. adelantar
9. doblar
10. izquierda

Quiz 3: Imperativo familiar: formas regulares

A. 1. Sí, come todo el pastel.
2. Sí, abre la puerta.
3. Sí, bebe más leche.
4. Sí, juega en tu dormitorio.
5. Sí, lee el rótulo.

Quiz 4: Imperativo familiar: formas irregulares

A. 1. Ven
2. Ve
3. Sal
4. paga
5. dobla
6. sigue
7. Estaciona
8. ten
9. pon
10. Está

CHAPTER QUIZZES
Copyright © Glencoe/McGraw-Hill

Quiz 5: Imperativo negativo

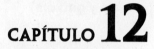 **A** 1. No excedas la velocidad máxima.
2. No vayas tarde.
3. No pidas información al instructor.
4. No estés nervioso.
5. No hables demasiado.

B 1. Pepe, cómpraselo.
2. Elena, explícanosla.
3. Antonio, dísela.
4. Ana, háblale.
5. Francisco, duérmete.

CAPÍTULO 12

Quiz 1: Palabras 1

A 1. el peine
2. el tintorero
3. el champú
4. el secador
5. cortar

Quiz 2: Palabras 2

A 1. buzón
2. cajera
3. cuenta
4. cambiar
5. sello
6. endosar
7. cambista
8. ordinario
9. tarjeta
10. paquete

Quiz 3: El subjuntivo

A 1. vayas
2. use
3. esté
4. vayan
5. abran
6. sepamos
7. limpie
8. dé
9. sean
10. conduzcan

Quiz 4: El subjuntivo en cláusulas nominales

A 1. venga
2. endose
3. corte
4. vayan
5. demos

6. salgas
7. sea
8. maneje
9. esté
10. hagan

Quiz 5: El subjuntivo con expresiones impersonales

A 1. vuelva
2. hagan
3. laves
4. tengamos
5. vayan

CAPÍTULO 13

Quiz 1: Palabras 1

A 1. torta
2. velas
3. regalos
4. parientes
5. casarse
6. novia
7. padrino
8. recepción
9. salón
10. divertirse

Quiz 2: Palabras 2

A 1. c
2. h
3. f
4. a
5. i
6. g
7. b
8. d
9. e
10. j

Quiz 3: El subjuntivo de los verbos de cambio radical

A 1. Es importante que tú recuerdes llevar el regalo.
2. Los novios quieren que nosotros volvamos a la recepción.
3. La madrina duda que la boda empiece a las diez.
4. Yo temo que el padrino pierda el anillo.
5. Es posible que yo pueda ir a la ceremonia contigo.

Quiz 4: El subjuntivo con verbos como **pedir** y **aconsejar**

A 1. cante
2. salgas
3. sirvamos
4. rebanen
5. se case

Quiz 5: El subjuntivo con expresiones de duda

A 1. asistan
2. se casará
3. sepa
4. vendrá
5. sea

Quiz 6: El subjuntivo con expresiones de emoción

A 1. celebres
2. pueda
3. inviten
4. envíes
5. vengan

CAPÍTULO 14

Quiz 1: Palabras 1

A 1. e
2. g
3. j
4. b
5. a
6. h
7. d
8. f
9. c
10. i

Quiz 2: Palabras 2

A 1. graduarse
2. título
3. puesto
4. pague
5. completo
6. entrevista
7. recursos
8. anuncio
9. entrevistador
10. Quizás

Quiz 3: Infinitivo o subjuntivo

A 1. ir
2. vayas
3. reciba
4. asistir
5. ser
6. llegue
7. ir
8. tengamos
9. cambiar
10. esté

Quiz 4: El subjuntivo con **ojalá** y **quizá(s)**

A 1. dé
2. tengas
3. sean
4. estemos
5. ofrezcan

Quiz 5: El subjuntivo en cláusulas relativas

A 1. es
2. sepa
3. tenga
4. trabaja
5. quiera

CHAPTER QUIZZES
Copyright © Glencoe/McGraw-Hill